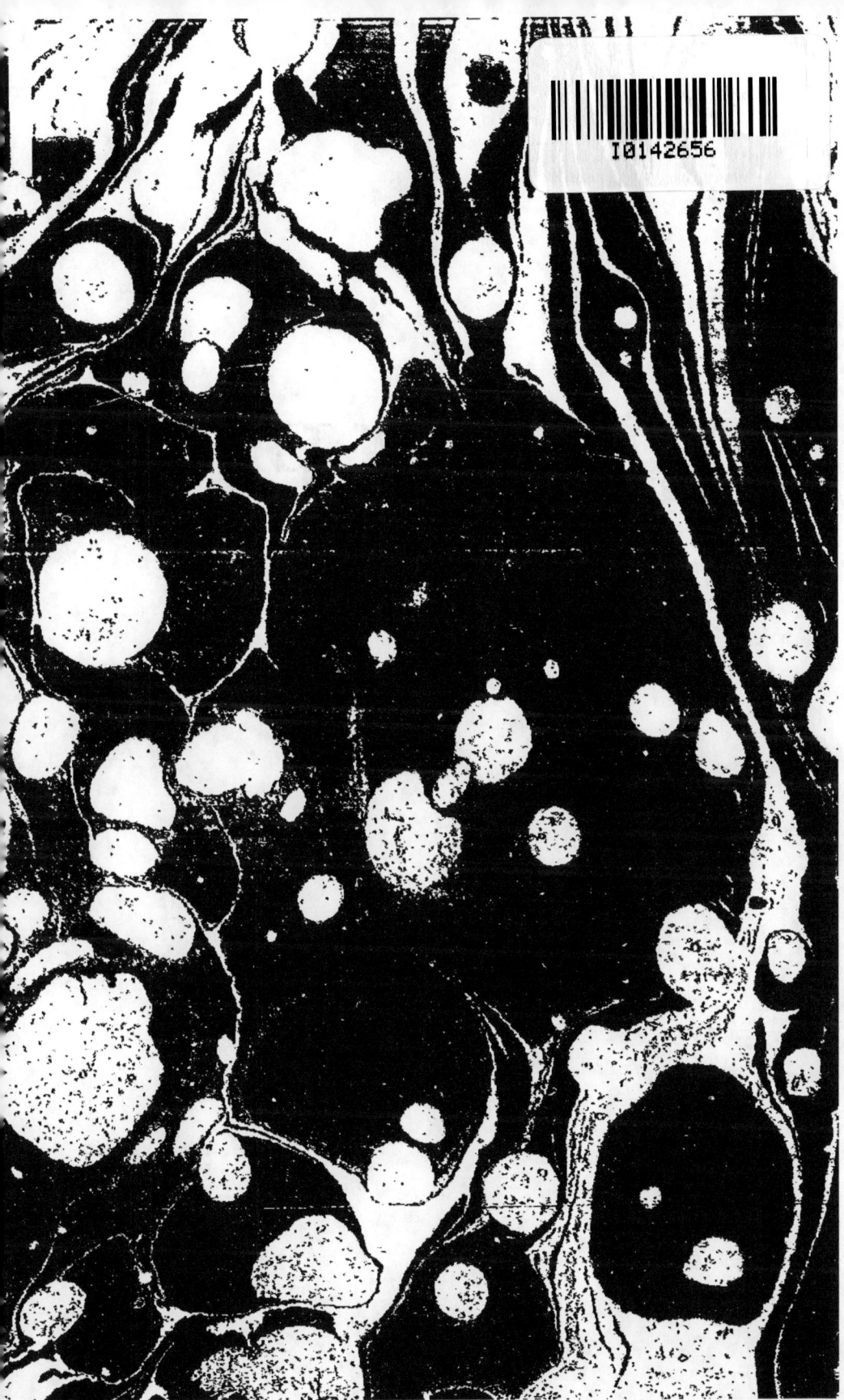

LE VAMPIRE.

Le Vampire,

NOUVELLE

TRADUITE DE L'ANGLAIS DE LORD BYRON;

Par H. Faber.

PARIS,

CHEZ CHAUMEROT JEUNE, LIBRAIRE.

PALAIS ROYAL, GALERIES DE BOIS, N°. 183.

1819.

INTRODUCTION.

L<small>A</small> superstition sur laquelle est basée la nouvelle que nous offrons au public, est singulièrement répandue dans tout l'Orient. Parmi les Arabes elle paraît, de temps immémorial, avoir été générale. Elle ne se communiqua cependant à la Grèce qu'après l'établissement du Christianisme, et même elle ne s'y est modifiée, sous des formes fixes, que depuis la séparation des rites latin et grec; époque où l'idée devint commune, parmi les Grecs, que le corps de quiconque suivait le rite latin ne pouvait se décomposer si on l'ensevelissait dans leur territoire. Leur crédulité n'alla qu'en augmentant, et de là résultèrent toutes ces narrations merveilleuses, auxquelles ils ajoutent encore foi maintenant, de morts sortant de leurs tombeaux, et, pour recouvrer leur force, suçant le sang de la beauté à la fleur de l'âge. Bientôt même cette superstition trouva cours, en subissant quelques légères variations, dans la Hongrie, en Pologne, en Autriche et en Lorraine, où on supposait que les Vampires s'abreuvaient chaque nuit d'une certaine portion du sang de leurs victimes qui maigrissaient progressivement, perdaient leur vigueur, et s'éteignaient bientôt; tandis que leurs bourreaux s'engraissaient de leur dépouille, et que leurs veines à la fin s'engorgeaient tellement de sang, qu'il s'échappait de leur corps par divers passages, et même par les pores de leur peau.

La Gazette de Londres, de mars 1732, rapporte un exemple curieux, de Vampirisme arrivé, dit-on, à Madreyga en Hongrie, si singulièrement circonstancié, qu'il en acquiert un air de probabilité. Il paraît que le commandant et les magistrats de cette place assuraient positivement qu'environ cinq ans avant, on avait entendu un certain Heiduque, nommé Arnold Paul, raconter qu'à Cassovie, sur les frontières de la Servie Turque, il avait été tourmenté par un Vampire, mais avait réussi à s'en débarrasser, en mangeant de la terre dans laquelle était enseveli le corps, et en se frottant entièrement de son propre sang. Cette précaution cependant n'empêcha pas ce Heiduque de devenir lui-même un Vampire (1), car vingt ou trente jours après sa mort et son inhumation, un grand nombre de personnes se plaignirent d'avoir été torturées par lui, et il fut même reconnu que quatre personnes en perdirent la vie. Pour prévenir de plus grands malheurs, les habitants ayant consulté leur Hadagni (2), allèrent déterrer le corps qu'ils trouvèrent frais, sans aucune trace de corruption, et rejetant par la bouche, le nez et les oreilles, un sang généreux et pur. Ayant ainsi acquis la conviction que leurs soupçons étaient bien fondés, ils eurent recours au remède usité en pareil cas. Ils traversèrent en entier avec un épieu le cœur et le corps d'Arnold Paul, qui poussa, prétendit-on, pendant cette opération, des cris aussi horribles que s'il

_____

(1) La croyance générale est qu'une personne martyrisée par un Vampire en devient un aussi, et suce le sang à son tour.

(2) Grand Bailli.

eût été vivant. Après cela, ils lui coupèrent la tête, brûlèrent le corps, et jetèrent ses cendres dans son tombeau. Ils firent subir le même sort aux dépouilles mortelles des quatre infortunés qui avaient expiré des morsures du Vampire, de peur qu'à leur tour ils ne revinssent torturer les vivants.

Cette monstrueuse histoire a trouvé place ici, parce qu'elle semble fournir, sur ce sujet, des données plus claires et plus suivies même qu'aucun autre exemple que nous aurions pu citer ne l'eût fait. Dans un grand nombre de parties de la Grèce, on s'imagine que, comme un châtiment qui survit même au trépas, l'homme coupable de certains crimes odieux, est non-seulement condamné au Vampirisme après sa mort, mais est même obligé de borner ses infernales tortures aux êtres qu'il a le mieux aimés pendant son existence, ceux à qui il était également lié par les nœuds du sang et de l'affection ; superstition à laquelle le passage suivant de *Giaour* fait allusion.

Frémis ! nouveau Vampire envoyé sur la terre,
En vain, lorsque la mort fermera ta paupière,
A pourrir dans la tombe on t'aura condamné,
Tu quitteras la nuit cet asile étonné.
Alors, pour ranimer ton cadavre livide,
C'est du sang des vivants que ta bouche est avide ;
Souvent, d'un pas furtif, à l'heure de minuit,
Vers ton ancien manoir tu retournes sans bruit :
Du logis à ta main déjà cède la grille,
Et tu viens t'abreuver du sang de ta famille,
L'enfer même, à goûter de cet horrible mets,
Malgré sa répugnance oblige ton palais.
Tes victimes sauront à leur heure dernière
Qu'elles ont pour bourreau leur époux ou leur père !
Et, pleurant une vie éteinte avant le temps,
Maudiront à jamais l'auteur de leurs tourments :
Mais non, l'une plus douce, et plus jeune et plus belle,
De l'amour filial le plus parfait modèle,
Celle de tes enfants que tu chéris le mieux ;
Quand tu t'abreuveras de son sang précieux,
Reconnaîtra son père au sein de l'agonie,
Et des plus tendres noms paiera sa barbarie.
Cruel comme est ton cœur, ces noms l'attendriront ;
Une sueur de sang coulera de ton front ;
Mais tu voudras en vain sauver cette victime,
Elle t'est réservée, ainsi le veut ton crime !
Desséchée en sa fleur, par un funeste accord,
Elle te dut sa vie et te devra sa mort !
Mais du sang des vivants cessant de te repaître,
Dès que sur l'horizon le jour est prêt à naître,
Grinçant les dents, l'œil fixe, en proie à mille maux,
Tu cherches un asile au milieu des tombeaux :

Là, tu te veux du moins joindre aux autres Vampires,
Comme toi condamnés à d'éternels martyres :
Mais ils fuiront un spectre aussi contagieux,
Qui, tout cruels qu'ils sont, l'est mille fois plus qu'eux.

Southey a aussi introduit dans le sombre mais beau poëme de Thalaba, le corps Vampire de la jeune arabe Oneiza, qu'il représente comme sortant fréquemment de son tombeau, pour torturer l'homme qu'elle avait le mieux aimé pendant sa vie : mais dans cette occasion, toutefois, le Vampirisme ne peut être considéré comme le châtiment de quelque grand crime commis, puisque, dans le cours entier du poëme, Oneiza est offerte comme le vrai modèle de la chasteté et de l'innocence.

Le véridique Tournefort lui-même donne, dans ses Voyages, un long récit de quelques cas extraordinaires de Vampirisme, dont il prétend avoir été témoin; et Calmet, dans son grand ouvrage sur ce sujet, outre une variété d'anecdotes et de traditions y relatives, a fait plusieurs doctes dissertations pour prouver que si c'était une erreur elle était aussi classique que vulgaire.

Il serait facile d'ajouter un grand nombre de renseignements curieux et intéressants sur cette horrible et étrange superstition; mais le peu que nous avons dit là-dessus, suffit aux limites d'une note uniquement destinée à offrir quelques explications nécessaires à l'intelligence de la Nouvelle qui suit. Nous ajouterons encore une remarque, c'est que, malgré que le terme de Vampire soit le plus généralement adopté, il a quelques autres synonymes usités dans les diverses parties du monde, tels que Uroulocha, Uardoulacha, Goul, Broucoloka, etc.

LE VAMPIRE;

NOUVELLE

TRADUITE DE L'ANGLAIS.

Dans ce temps-là parut au milieu des dissipations d'un hiver à Londres, et parmi les nombreuses assemblées que la mode y réunit à cette époque, un lord plus remarquable encore par ses singularités que par son rang. Son œil se promenait sur la gaieté générale répandue autour de lui, avec cette indifférence qui dénotait que la partager n'était pas en son pouvoir. On eût dit que le sourire gracieux de la beauté, savait seul attirer son attention, et encore n'était-ce que pour le détruire sur ses lèvres charmantes, par un regard, et glacer d'un effroi secret un cœur où jusqu'alors l'idée du plaisir avait régné uniquement. Celles qui éprouvaient cette pénible sensation de respect ne pouvaient se rendre compte d'où elle provenait. Quelques-unes, cependant, l'attribuaient à son œil d'un gris mort qui, lorsqu'il se fixait sur les traits d'une personne, semblait ne pas pénétrer, au fond des replis du cœur, mais plutôt paraissait tomber sur la joue comme un rayon de plomb qui pesait sur la peau sans pouvoir la traverser. Son originalité le faisait inviter partout: chacun désirait le voir, et tous ceux qui avaient été long-temps habitués aux violentes émotions, mais à qui la satiété faisait sentir enfin le poids de l'ennui, se félicitaient de rencontrer quelque chose capable de réveiller leur attention languissante. Sa figure était régulièrement belle, nonobstant le teint sépulcral qui régnait sur ses traits, et que jamais ne venait animer cette aimable rougeur fruit de la modestie, ou des fortes émotions qu'engendrent les passions. Ces femmes à la mode avides d'une célébrité déshonorante, se disputèrent, à l'envi, sa conquête, et à qui du moins obtiendrait de lui quelque marque de ce qu'elles appellent penchant. Lady Mercer qui, depuis son mariage, avait eu la honteuse gloire d'effacer, dans les cercles, la conduite désordonnée de toutes ses rivales, se jeta à sa rencontre, et fit tout ce qu'elle pût, mais en vain, pour attirer son attention. Toute l'impudence de lady Mercer échoua, et elle se vit réduite à renoncer à son entreprise. Mais quoi qu'il ne daignât pas même accorder un regard aux femmes perdues qu'il rencontrait journellement, la beauté ne lui était cependant pas indifférente; et pourtant encore, quoiqu'il ne s'adressât jamais qu'à la femme vertueuse ou à la fille innocente, il le faisait avec tant de mystère que peu de personnes même savaient qu'il parlât quelquefois au beau sexe. Sa langue avait un charme irrésistible : soit donc qu'il réussit à comprimer la crainte qu'inspirait son premier abord, soit à cause de son mépris apparent pour le vice, il était aussi recherché par ces femmes dont les vertus domestiques sont l'ornement de leur sexe, que par celles qui en font le déshonneur.

Vers ce même temps vint à Londres un jeune homme nommé Aubrey : la mort de

ses parents l'avait, encore enfant, laissé or-
phelin, avec une sœur et de grands biens.
Ses tuteurs, occupés exclusivement du soin
de sa fortune, l'abandonnèrent à lui-même,
ou du moins remirent la charge plus im-
portante de former son esprit, à des merce-
naires subalternes. Le jeune Aubrey songea
plus à cultiver son imagination que son
jugement. De là il prit ces notions romanti-
ques d'honneur et de candeur qui perdent
tant de jeunes écervelés. Il croyait que le
cœur humain sympathise naturellement à
la vertu, et que le vice n'a été jeté ça et là,
par la Providence, que pour varier l'effet
pittoresque de la scène : il croyait que la
misère d'une chaumière n'était qu'idéale,
les vêtements du paysan étant aussi chauds
que ceux de l'homme voluptueux, mais mieux
adaptés à l'œil du peintre, par leurs plis
irréguliers et leurs morceaux de diverses
couleurs, pour représenter les souffrances du
pauvre. Enfin, il croyait qu'on devait chercher les réalités de la vie dans les rêves sin-
guliers et brillants des poëtes. Il était beau,
sincère et riche : par tous ces motifs, dès

son entrée dans le monde, un grand nombre de mères l'environnèrent, s'étudiant à qui lui ferait les portraits les plus faux des qualités qu'il faut pour plaire; tandis que leurs filles, par leur contenance animée, quand il s'approchait d'elles, et leurs yeux pétillant de plaisir, quand il ouvrait la bouche, l'entraînèrent bientôt dans une opinion trompeuse de ses talents et de son mérite; et bien que, rien dans le monde ne vint réaliser le roman qu'il s'était créé dans sa solitude, sa vanité satisfaite fut une espèce de compensation de ce désappointement. Il était au moment de renoncer à ses illusions, lorsque l'être extraordinaire que nous venons de décrire vint le croiser dans sa carrière.

Frappé de son extérieur, il, l'étudia et l'impossibilité même de reconnaître le caractère d'un homme entièrement absorbé en lui-même, et qui ne donnait d'autre signe de son attention à ce qui se passait autour de lui, que son soin d'éviter tout contact avec les autres, avouant par là tacitement leur existence, cette impossibilité même

permit à Aubrey de donner cours à son
imagination pour se créer un portrait qui
flattait son penchant, et immédiatement il
revêtit ce singulier personnage de toutes
les qualités d'un héros de roman, et se
détermina à suivre en lui la créature de
son imagination plutôt que l'être présent
à ses yeux. Il eût des attentions pour lui, et
fit assez de progrès dans cette liaison, pour
en être du moins remarqué chaque fois
qu'ils se trouvaient ensemble. Bientôt il
apprit que les affaires de lord Ruthven
étaient embarrassées, et, d'après les préparatifs qu'il vit dans son hôtel, s'aperçut
qu'il allait voyager.

Avide de plus précises informations sur
cet étrange caractère qui, jusqu'à présent,
avait seulement aiguillonné sa curiosité, sans
aucun moyen de la satisfaire, Aubrey fit
sentir à ses tuteurs qu'il était temps pour lui
de commencer son tour d'Europe, coutume
adoptée depuis nombre d'années par nos
jeunes gens de famille, et qui ne leur offre
que trop souvent l'occasion de s'enfoncer
rapidement dans la carrière du vice, en

croyant se mettre sur un pied d'égalité avec les personnes plus âgées qu'eux, et en espérant paraître comme elles au courant de toutes ces intrigues scandaleuses, sujet éternel de plaisanteries ou de louanges, suivant le degré d'habileté déployée dans leur conduite. Les tuteurs d'Aubrey donnèrent leur assentiment, et immédiatement il fit part de ses intentions à lord Ruthven dont il fut agréablement surpris de recevoir une invitation de voyager avec lui. Aubrey flatté d'une telle marque d'estime d'un homme qui semblait n'avoir rien de commun avec l'espèce humaine, accepta cette proposition avec empressement, et quelques jours après, nos deux voyageurs avaient passé la mer.

Jusqu'ici, Aubrey n'avait pas eu occasion d'étudier à fond le caractère de lord Ruthven, et maintenant il s'aperçut que, bien que témoin d'un plus grand nombre de ses actions, les résultats lui offraient différentes conclusions à tirer des motifs apparents de sa conduite : son compagnon de voyage poussait la libéralité jusqu'à la profusion : le fainéant, le vagabond, le mendiant recevait de lui des secours plus que suffisants pour soulager ses besoins immédiats : mais Aubrey remarquait avec peine, que ce n'était pas sur les gens vertueux, réduits à l'indigence par des malheurs, et non par le vice, qu'il versait ses aumônes : en repoussant ces infortunés de sa porte, il avait peine à supprimer de ses lèvres un sourire dur; mais quand l'homme sans conduite venait à lui, non pour obtenir un soulagement de ses besoins, mais pour se procurer les moyens de se plonger plus avant dans la débauche et dans la dépravation, il s'en retournait toujours avec un don somptueux. Aubrey, cependant, croyait devoir attribuer cette distribution déplacée des aumônes de lord Ruthven à l'importunité plus grande des gens vicieux, qui trop souvent réussit de préférence à la modeste timidité du vertueux indigent. Néanmoins, à la charité de lord Ruthven se rattachait une circonstance qui frappait encore plus vivement l'esprit d'Aubrey : tous ceux en faveur de qui cette générosité s'exerçait,

éprouvaient invariablement qu'elle étàit accompagnée d'une malédiction inévitable;
tous, bientôt, finissaient par monter sur
l'échaffaud, ou par périr dans la misère la
plus abjecte : à Bruxelles , et autres villes
qu'ils traversèrent, Aubrey vit avec surprise
l'espèce d'avidité avec laquelle son compagnon recherchait le centre de la dépravation : dans les maisons de jeu, il s'élançait
de suite à la table de Pharaou; il pariait
et jouait toujours avec succès, excepté lorsqu'il avait affaire à l'escroc connu , et alors
il perdait plus qu'il ne gagnait; mais c'était
toujours sans changer de visage, et avec cet
air indifférent qu'il portait partout, mais
non lorsqu'il rencontrait le jeune homme
sans expérience, ou le père infortuné d'une
nombreuse famille; alors la fortune semblait être dans ses mains : il mettait de
côté cette impassibilité qui lui était ordinaire, et son œil étincelait de plus de feu
que n'en jette celui du chat, au moment
où il roule entre ses pattes la souris déjà à
moitié morte. Au sortir de chaque ville, il
laissait le jeune homme, riche avant son

arrivée, maintenant arraché du cercle dont il faisait l'ornement, maudissant, dans la solitude d'un cachot, son destin qui l'avait mis à portée de l'influence pernicieuse de ce mauvais génie; tandis que le père, désolé et l'œil hagard, pleurait assis au milieu de ses enfants affamés, sans avoir conservé, de son immense fortune, une seule obole pour apaiser leurs besoins dévorants. Lord Ruth-ven cependant ne sortait pas finalement plus riche des tables de jeu, mais perdait immédiatement, contre le destructeur de la fortune d'un grand nombre de malheureux, la dernière pièce d'argent qu'il venait d'ar-racher à l'inexpérience, ce qui ne pouvait provenir que de ce qu'il possédait un cer-tain degré d'habileté incapable toutefois de lutter contre l'astuce des escrocs expé-rimentés. Aubrey souvent fut sur le point de faire là-dessus des réprésentations à son ami, et de le prier en grâce de renoncer à l'exercice d'une charité et d'un passe-temps qui tournaient à la ruine de tous sans lui être du moindre avantage à lui-même : mais il différait de jour en jour ses représentations, se flattant à chaque moment que son ami lui donnerait enfin quelque occasion de lui ouvrir son cœur franchement et sans réserve; toutefois cette occasion ne se présentait jamais. Lord Ruthven, dans sa voiture, et quoique traversant sans cesse de nouvelles scènes intéressantes de la nature, restait toujours le même : ses yeux parlaient encore moins que ses lèvres; et bien que vivant avec l'objet qui excitait si vivement sa curiosité, Aubrey n'en recevait qu'un constant aiguillon à son impatience de percer le mystère qui enveloppait un être que son imagination exaltée se représentait de plus en plus comme surnaturel.

Bientôt ils arrivèrent à Rome, et Aubrey, pour quelque temps, perdit de vue son compagnon; il le laissa suivant assidûment le cercle du matin d'une comtesse Italienne, tandis que lui-même se livrait à la recherche d'anciens monuments des arts. Cependant, des lettres lui parvinrent d'Angleterre; il les ouvrit avec impatience. L'une était de sa sœur, et ne renfermait que l'expression

d'une tendre affection; les autres étaient de
ses tuteurs, et leur contenu eut lieu de frapper son attention : si déjà, auparavant, son
imagination avait supposé qu'une influence
infernale résidait dans son compagnon , ces
lettres durent bien fortifier ce pressentiment. Ses tuteurs insistaient pour qu'il se
séparât immédiatement de son ami, dont
le caractère , disaient-ils , joignait à une extrême dépravation , des pouvoirs irrésistibles
de séduction qui rendaient tout contact
avec lui d'autant plus dangereux. On avait
découvert, depuis son départ, que ce n'était
pas par haine pour le vice des femmes
perdues, qu'il avait dédaigné leurs avances ;
mais que pour que ses désirs fussent pleine-
ment satisfaits, il fallait qu'il rehaussât le
plaisir de ses sens par le barbare accom-
pagnement d'avoir précipité sa victime, la
compagne de son crime , du pinacle d'une
vertu intacte au fond de l'abîme de l'infamie
et de la dégradation. On avait même remarqué que toutes les femmes qu'il avait re-
cherchées en apparence, à cause de leur
chaste conduite, avaient, depuis son départ,

mis le masque de côté, et exposé sans scrupule, au public, toute la difformité de leurs mœurs.

Aubrey se décida à se séparer d'un personnage dont le caractère ne lui avait pas encore présenté un seul point de vue brillant. Il se détermina à inventer quelque prétexte plausible pour l'abandonner tout-à-fait, se proposant, dans l'intervalle, de le veiller de plus près, et de faire attention aux moindres circonstances. Il entra dans le même cercle de sociétés que lord Ruthven, et ne fut pas long à s'apercevoir que son compagnon cherchait à abuser de l'inexpérience de la fille de la dame dont il fréquentait surtout la maison. En Italie, il est rare qu'on rencontre dans le monde les jeunes personnes encore à marier. Lord Ruthven était donc obligé de mener cette intrigue à la dérobée; mais l'œil d'Aubrey le suivait dans tous ses détours, et bientôt il découvrit qu'une entrevue avait été fixée, et il ne prévit que trop que la ruine totale de cette jeune imprudente en serait le résultat infaillible. Sans perdre un seul instant, il entra dans

le cabinet de son compagnon, et le ques-
tionna brusquement sur ses intentions à
l'égard de la jeune personne, le prévenant
en même-temps qu'il savait de source certaine qu'il devait avoir un rendez-vous avec
elle cette même nuit. Lord Ruthven répliqua
que ses intentions étaient celles naturelles
en pareil cas; et étant pressé de déclarer
s'il avait des vues légitimes, sa seule réponse
fut un malin sourire. Aubrey se retira, et
lui ayant de suite écrit quelques lignes
pour l'informer qu'à compter de cette heure
il renonçait à l'accompagner, suivant leur
accord, dans le reste de ses voyages, il
ordonna à son domestique de lui procurer d'autres appartements, et se rendit lui-
même, sans perdre une minute, chez la
mère de la jeune personne, pour lui faire
part, non-seulement de ce qu'il avait appris
sur sa fille, mais aussi de tout ce qu'il savait
de défavorable aux mœurs de lord Ruthven.
Cet avis vint à temps pour faire manquer
le rendez-vous projeté. Lord Ruthven, le
lendemain, écrivit à Aubrey, pour lui no-
tifier son assentiment à leur séparation;

mais ne lui donna pas même à entendre qu'il le soupçonnait d'être la cause du renversement de ses plans.

Aubrey, au sortir de Rome, dirigea ses pas vers la Grèce, et traversant le golfe, se vit bientôt à Athènes. Il y choisit pour sa résidence la maison d'un Grec, et ne songea plus qu'à rechercher les traces d'une gloire passée sur des monuments qui, honteux sans doute d'exposer le souvenir des grandes actions d'hommes libres, aux yeux d'un peuple esclave, semblent chercher un refuge dans les entrailles de la terre, ou se dérober aux regards sous une mousse épaisse.

Sous le même toit que lui, respirait une jeune fille de formes si belles et si délicates, qu'elle aurait offert à l'artiste le plus digne modèle pour représenter une de ces houris que Mahomet promet, dans son paradis, au crédule Musulman; mais, non! ses yeux possédaient une expression qui ne peut appartenir à des beautés que le Prophète représente comme n'ayant pas d'âme. Lorsqu'Ianthe dansait sur la plaine, ou effleurait,

dans sa marche rapide, le penchant des
collines, elle faisait oublier la légèreté gra-
cieuse de la gazelle. Et quel autre qu'un
disciple d'Épicure, en effet, n'eût pas préféré le regard animé et céleste de l'une à
l'œil voluptueux mais terrestre de l'autre?
Cette nymphe aimable, souvent accompagnait Aubrey dans ses recherches d'antiquités. Que de fois, ignorante de ses propres
charmes, et toute entière à la poursuite du
brillant papillon, elle développait toute la
beauté de sa taille enchanteresse, flottant,
en quelque sorte, au gré du zéphir, aux
regards avides du jeune étranger, qui oubliait
les lettres, presque effacées par le temps,
qu'il venait avec peine de déchiffrer sur le
marbre, pour ne plus contempler que ses
formes ravissantes : que de fois, tandis
qu'Ianthe voltigeait à l'entour, sa longue che-
velure flottant sur ses épaules, par ses tresses
onduleuses d'un blond céleste, n'offrait que
trop d'excuse à Aubrey pour abandonner
ses poursuites scientifiques, et laisser échapper de son idée le texte d'une inscription
qu'il venait de découvrir, et qu'un instant

auparavant son utilité, pour l'interpréta-
tion d'un passage de Pausanias, avait rendue
à ses yeux de la plus haute importance. Mais
pourquoi tenter de décrire des charmes
plus aisés à sentir qu'à apprécier? Innocence,
jeunesse, beauté, tout respirait en elle cette
fraîcheur de la nature, étrangère à l'affecta-
tion de nos salons à la mode.

Lorsqu'Aubrey dessinait ces augustes
débris, dont il désirait conserver l'image
pour l'amusement de ses heures futures,
Ianthe, debout, et penchée sur son épaule,
suivait avec avidité les progrès magiques de
son pinceau, retraçant les sites pittoresques
des lieux où elle était née. Elle lui racontait
alors, avec tout le feu d'une mémoire encore
toute fraîche, ses compagnes foulant avec
elle, dans leur danse légère, la verte pelouse
des environs, ou la pompe des fêtes nu-
ptiales, dont elle avait été témoin dans son
enfance. Quelquefois encore, tournant ses
souvenirs sur des objets qui évidemment lui
avaient laissé une impression plus profonde,
elle lui redisait les contes surnaturels dont
sa nourrice avait effrayé sa jeune attention.

Son ton sérieux et son air de sincérité, quand elle faisait ce récit, excitaient une tendre compassion pour elle, dans le cœur d'Aubrey : souvent même, comme elle lui décrivait le Vampire vivant qui avait passé des années au milieu d'amis, et des plus tendres objets d'attachement, forcé chaque an, par un pouvoir infernal, de prolonger son existence pour les mois suivants, par le sacrifice de quelque jeune et innocente beauté, Aubrey sentait son sang se glacer dans ses veines, tout en essayant de tourner en ridicule de si horribles fables; mais Ianthe en réponse lui citait le nom de vieillards qui avaient fini par découvrir un Vampire vivant au milieu d'eux, seulement après que plusieurs de leurs filles avaient succombé victimes de l'horrible appétit de ce monstre; et, poussée à bout par son apparente incrédulité, elle le suppliait ardemment de prêter foi à ses récits; car on avait remarqué, ajoutait-elle, que ceux qui osaient douter de l'existence des Vampires, ne pouvaient éviter quelque jour d'être convaincus de leur erreur par leur propre et funeste expérience. Ianthe lui dépeignait l'extérieur que l'on s'accordait à donner à ces monstres, et l'impression d'horreur qui avait déjà frappé l'esprit d'Aubrey, redoublait encore par un portrait qui lui rappelait, d'une manière effrayante, lord Ruthven. Il persistait néanmoins dans ses efforts pour lui persuader de renoncer à des terreurs aussi vaines, quoiqu'en lui-même il frémit de reconnaître ces mêmes traits, qui avaient tous tendu à lui faire voir quelque chose de surnaturel dans lord Ruthven.

Aubrey, de jour en jour, s'attachait davantage à Ianthe; son innocence, si différente de ces vertus affectées qu'il avait rencontrées jadis dans ces femmes, parmi lesquelles il avait cherché à retrouver ces notions romanesques sucées dans son jeune âge, séduisait incessamment son cœur; et tandis qu'il se représentait à lui-même le ridicule d'une union conjugale entre un jeune homme élevé suivant les usages de l'Angleterre, et une jeune Grecque sans éducation, il sentait s'accroître de plus en plus son affection pour la jeune enchanteresse avec qui s'écoulaient tous ces moments. Quelquefois il voulait

s'éloigner d'elle ; et , bâtissant un plan de
recherches d'antiquités , il projetait de par-
tir , décidé à né pas reparaître à Athènes
avant d'avoir rempli l'objet de son excursion ; mais il trouvait toujours impossible
de fixer son attention sur les ruines des environs , tandis que l'image fraîche d'Ianthe
vivait au fond de son cœur. Ignorant l'amour
qu'elle lui avait inspiré, elle avait toujours
avec lui cette même franchise enfantine ,
qu'elle lui avait montrée dès le premier
abord.Elle semblait toujours ne se séparer de
lui qu'avec une extrème répugnance ; mais
c'était uniquement parce qu'elle n'avait plus
alors de compagnon pour parcourir avec
elle ces sites favoris où elle errait, tandis que
non loin d'elle Aubrey s'occupait à retracer
ou découvrir quelque fragment échappé à
la faux destructive du temps. Elle avait ap-
pelé en témoignage de ce qu'e'le avait ra-
conté à Aubrey , au sujet des Vampires, son
père et sa mère , qui tous deux, ainsi que
plusieurs autres personnes présentes, avaient
affirmé leur existence, en pâlissant d'horreur à ce nom seul. Peu de tems après ,

Aubrey se décida à entreprendre une petite excursion qui devait l'occuper plusieurs heures : lorsque ses hôtes l'entendirent désigner l'endroit, d'un commun accord ils se hâtèrent de le supplier de revenir à Athènes avant la nuit tombante ; car il devait, lui dirent-ils, traverser nécessairement un bois où nul Grec ne se hasarderait à entrer, pour aucune considération au monde, après le coucher du soleil. Ils le lui dépeignirent comme le repaire des Vampires dans leurs orgies nocturnes, et le menacèrent des malheurs les plus épouvantables, s'il osait troubler, par son passage, ces monstres dans leur cruelle fête. Aubrey traita légèrement leurs représentations, et essaya même de leur faire sentir toute l'absurdité de pareilles idées ; mais pourtant, quand il les vit tressaillir de terreur à son audacieux mépris d'un pouvoir infernal et irrésistible, dont le nom seul suffisait pour les faire frissonner, il se tut.

Le lendemain matin Aubrey se mit en route sans suite ; à son départ, il observa avec peine et surprise l'air mélancolique de

ses hôtes, et l'impression de terreur que ses
railleries sur l'existence des Vampires avait
répandue sur leurs traits. A l'instant même
où il montait à cheval, Ianthe vint près de
lui, et d'un ton sérieux le conjura, par tout
ce qu'il avait de plus cher au monde, de
retourner à Athènes avant que la nuit vînt
rendre à ces monstres leur pouvoir. Il pro-
mit de lui obéir : mais ses recherches scientifiques absorbèrent tellement son esprit
qu'il ne s'aperçut même pas que le jour
était prêt à finir, et qu'à l'horizon se formait
une de ces taches qui, dans ces brûlants
climats, grossissent avec une telle rapidité
que, bientôt devenues une masse épouvantable, elles versent sur la campagne désolée
toute leur rage. A la fin cependant il se
décida à remonter à cheval, et à compenser,
par la vitesse de son retour, le temps perdu.
Mais il était trop tard. Le crépuscule est,
pour ainsi dire, inconnu dans ces contrées
méridionales, et la nuit commence avec le
coucher du soleil. Avant qu'Aubrey fut
loin dans la forêt, l'orage avait éclaté sur
sa tête avec fureur. Le tonnerre grondait

coup sur coup, et répété par les nombreux
échos d'alentour, ne laissait presque point
d'intervalle de silence. La pluie, tombant à
torrent, forçait son passage jusqu'à Aubrey
à travers l'épais couvert du feuillage,
tandis que les éclairs brillaient autour de
lui, et que la foudre même venait quelquefois éclater à ses pieds. Son coursier épou-
vanté tout à coup l'emporta à travers le plus
épais du bois. L'animal hors d'haleine à la
fin s'arrêta, et Aubrey, à la lueur des éclairs,
remarqua près de lui une hutte presque
enterrée sous des masses de feuilles mortes
et de broussailles, qui l'enveloppaient de
tout côté. Aubrey descendit de cheval, et
approcha de la hutte, espérant y trouver
quelqu'un qui lui servirait de guide jusqu'à
la ville, ou du moins s'y procurer un abri
contre la tempête. Au moment où il s'en approchait, le tonnerre s'étant rallenti pour
quelques instants, il put distinguer les cris
perçants d'une femme répondus par un rire
amer et presque continu : Aubrey tressaillit,
et hésita s'il entrerait ; mais un éclat de tonnerre, qui soudain gronda de nouveau sur sa

tête, le tira de sa rêverie; et, par un effort de
courage, il franchit le seuil de la hutte. Il
se trouva dans la plus profonde obscurité;
le bruit qui se prolongeait lui servit pourtant de guide; personne ne répondait à son
appel réitéré. Tout à coup il heurta quelqu'un
qu'il arrêta sans balancer; quand une voix
horrible fit entendre ces mots : Encore
troublé...... auxquels succéda un éclat de
rire affreux; et Aubrey se sentit saisi avec
une vigueur qui lui parut surnaturelle.
Décidé à vendre chèrement son existence,
il lutta, mais en vain : ses pieds perdirent,
en un instant, le sol; et, enlevé par une
force irrésistible, il se vit précipiter contre
la terre, qu'il mesura de tout son corps.
Son ennemi se jeta sur lui; et, s'agenouil-
lant sur sa poitrine, portait déjà ses mains
à sa gorge, quand la réverbération d'un
grand nombre de torches, pénétrant dans
la hutte par une ouverture destinée à l'éclai-
rer pendant le jour, vint troubler le monstre
dans son épouvantable orgie; il se hâta de
se relever, et, laissant là sa proie, s'élança
hors de la porte : le bruit qu'il fit en s'ou-

vrant un passage à travers l'épaisse bruyère
cessa au bout de quelques instants.

L'orage cependant s'était calmé tout-à-
fait, et les nouveaux venus purent entendre,
du dehors, les plaintes d'Aubrey que l'épuisement total de ses forces empêchait de re-
muer. Ils entrèrent dans la hutte : la lumière
de leurs torches vint se réfléchir sur ses
voûtes mousseuses, et ils se virent tous
couverts de flocons d'une suie épaisse. A la
prière d'Aubrey ils s'éloignèrent de lui pour
chercher la femme dont les cris l'avaient
attiré; et comme ils s'avançaient sous les
replis caverneux de la hutte, il se vit replon-
ger encore dans les plus profondes ténèbres:
mais bientôt de quelle horreur ne fût-il pas
frappé quand, à la lueur des torches qui
revenaient fondre sur lui, il reconnut le
corps inanimé de la charmante Ianthe,
porté par ses compagnons! Vainement il
ferma les yeux, se flattant que ce n'était
qu'une vision, fruit de son imagination dé-
rangée; mais quand il les rouvrit, il revit
encore les restes de son amante étendus sur
la terre à côté de lui : ces joues arrondies et

ces lèvres délicates, qui naguère auraient
fait honte à la rose par leur fraîcheur,
étaient maintenant d'une pâleur sépulcrale :
et cependant encore il régnait à présent, sur
les traits charmants d'Ianthe, un calme
admirable et presque aussi attachant que
la vie qui jadis les animait : sur son cou et sa
poitrine on voyait des traces de sang, et sa
gorge portait les empreintes des dents cruelles
qui avaient ouvert ses veines : les villageois
qui avaient porté le corps, indiquant du
doigt ces marques funestes, et comme frap-
pés simultanément d'horreur, s'écrièrent :
Un Vampire ! un Vampire ! Ils formèrent
à la hâte une litière, et placèrent dessus
Aubrey à côté de celle qui naguère avait été
pour lui l'objet des rêves de félicité les plus
flatteurs, mais dont maintenant la vie venait
de s'éteindre dans sa fleur.

Aubrey ne pouvait plus retrouver le fil de
ses idées, ou plutôt semblait chercher un
refuge contre le désespoir dans une totale
absence de pensées. Il tenait, presque sans le
savoir dans sa main, un poignard nu d'une
forme extraordinaire, qu'on avait ramassé

dans la hutte : bientôt le triste cortége fut rencontré par d'autres paysans, qu'une mère alarmée envoyait encore à la recherche de son enfant chérie : mais les cris lamentables que poussait la troupe désolée, au moment où ils approchaient de la ville, furent pour cette mère et son époux infortuné l'avant-coureur de quelque horrible catastrophe. Décrire l'angoisse de leur attente inquiète serait impossible; mais quand ils eurent découvert le corps de leur fille adorée, ils regardèrent Aubrey, lui firent remarquer du doigt les indices affreux de l'attentat qui avait causé sa mort, et tous deux expirèrent de désespoir.

Aubrey étendu sur sa couche de douleur et en proie à une fièvre ardente, au milieu des accès de son délire, appelait lord Ruthven et Ianthe. Quelquefois il suppliait son ancien compagnon d'épargner celle qu'il aimait : d'autres fois il accumulait les imprécations sur sa tête, et le maudissait comme le destructeur de sa félicité.

Lord Ruthven se trouvait justement alors à Athènes; et, ayant eu connaissance de la

triste situation d'Aubrey, pour quelque
motif secret, vint se loger sous le même
toit, et devint son compagnon assidu. Quand
son ami sortit de son délire, il tressaillit
d'horreur à l'aspect de celui dont l'image s'é-
tait maintenant confondue dans sa tête avec
l'idée d'un Vampire; mais lord Ruthven, par
son ton persuasif, ses demi-aveux qu'il re-
grettait la faute qui avait causé leur séparation, et encore plus par les attentions sou-
tenues, l'anxiété et les soins qu'il prodigua à
Aubrey, le réhabitua bientôt à sa présence.
Lord Ruthven semblait tout-à-fait changé; ce
n'était plus cet être dont l'apathie avait tellement étonné Aubrey; mais aussitôt que
ce dernier commença à faire des progrès ra-
pides dans sa convalescence, il s'aperçut avec
chagrin que son compagnon retombait dans
son phlegme ordinaire, et il retrouva en lui
tout-à-fait l'homme de leur première liaison, si ce n'est que de temps à autre, Aubrey
observait avec surprise que lord Ruthven
semblait fixer sur lui un regard pénétrant,
tandis qu'un sourire cruel de dédain voltigeait sur ses lèvres. Il se perdait en conjec-

tures sur l'intention de cet affreux sourire, si souvent réitéré. Lorsqu'Aubrey entra dans le dernier période de son rétablissement, lord Ruthven s'éloignant de plus en plus de lui, semblait exclusivement occupé à contempler les vagues soulevées par la brise rafraîchissante, ou à suivre la marche de ces planètes, qui, ainsi que notre globe, meuvent autour d'un astre immobile; mais le fait est qu'il semblait chercher principalement à se soustraire aux yeux de tous.

La tête d'Aubrey avait été très-affaiblie par le choc qu'il venait d'éprouver; et cette éasticité d'esprit, qui avait tant brillé en lui jadis, semblait s'être évanouie pour toujours. Il était maintenant aussi épris de la solitude et du silence que lord Ruthven lui-même. Mais c'est en vain qu'il soupirait après cette solitude; pouvait-elle exister pour lui dans le voisinage d'Athènes? La cherchait-il parmi ces ruines qu'il avait jadis fréquentées, l'image d'Ianthe l'y accompagnait comme autrefois; la cherchait-il au fond des bois, il s'imaginait y voir encore la démarche légère d'Ianthe, voltigeant au milieu des taillis, à la découverte de la modeste violette; quand par une transition subite, sa sombre imagination lui représentait son amante, la figure pâle, la gorge saignante, et ses lèvres décolorées, mais qu'un sourire toujours aimable, malgré le trépas, venait encore orner.

Il se détermina enfin à fuir des sites dont chaque trait était, pour sa raison affaiblie, une source de tableaux douloureux. Il proposa à lord Ruthven, qu'il croyait ne devoir point quitter, après tous les soins qu'il en avait reçus pendant son indisposition, de visiter ensemble ces parties de la Grèce qui leur étaient encore inconnues à tous deux. Ils partirent donc, et allèrent à la recherche de chaque lieu auquel se rattachait un ancien souvenir; mais, quoiqu'ils courussent constamment d'une place à une autre, ils ne semblaient cependant, ni l'un ni l'autre, prêter une attention réelle aux objets variés qui passaient sous leurs yeux. Ils entendaient souvent parler de voleurs infestant le pays; mais, graduellement, ils en vinrent à mépriser ces rapports, qu'ils regardaient

comme une pure invention de gens inté-
ressés à exciter la générosité de ceux qu'ils
défendaient de prétendus dangers. Entre
autres occasions, où ils négligèrent l'avis
des villageois, ils voyageaient un jour avec
une garde si peu nombreuse, qu'elle pouvait
plutôt leur servir de guide que de défense.
Au moment, cependant, où ils venaient
d'entrer dans un étroit défilé, au fond du-
quel était le lit d'un torrent qui roulait,
confondu avec des masses de roc, dans les
précipices voisins, ils eurent raison de re-
gretter leur imprudente confiance; à peine
étaient-ils engagés dans ce pas dangereux,
qu'une grêle de balles vint siffler à leurs
oreilles, tandis que les échos d'alentour ré-
pétaient le son de plusieurs armes à feu.
Bientôt une balle vint se loger dans l'épaule de
lord Ruthven, qui tomba du coup. Aubrey
vola à son assistance; et, ne songeant plus
à se défendre, ni à son propre péril, se
vit bientôt entouré par les brigands. L'es-
corte, aussitôt qu'elle avait vu tomber lord
Ruthven, avait jeté ses armes et demandé
quartier. Par la promesse d'une forte ré-

compense, Aubrey décida les voleurs à
transporter son ami blessé, à une cabane
voisine; et, étant convenu avec eux d'une
rançon, il ne fut plus importuné de leur
présence, les bandits se bornant à surveiller
la chaumière jusqu'au retour de l'un d'eux,
qui alla recevoir, dans une ville voisine, le
montant d'une traite qu'Aubrey leur donna
sur son banquier.

Les forces de lord Ruthven déclinèrent
rapidement; au bout de deux jours la gan-
grène parut, et l'instant de sa dissolution
sembla s'avancer à grand pas. Sa manière
d'être et ses traits étaient toujours les mêmes.
On aurait dit qu'il était aussi indifférent à
la douleur, qu'il l'avait été autrefois à tout
ce qui se passait autour de lui : mais, vers
la fin de la seconde soirée, il sembla préoc-
cupé de quelque idée pénible; ses yeux se
fixaient souvent sur Aubrey, qui, s'en aper-
cevant, lui offrit, avec chaleur, son assistance. Vous voulez m'assister, lui dit son
ami ! vous pouvez me sauver ! vous pouvez
faire plus encore ! Je ne parle pas de ma vie;
je regarde d'un œil aussi insouciant le terme

de mon existence, que celui du jour prêt à finir! mais vous pouvez sauver mon honneur, l'honnenr de votre ami! Comment! oh! dites-moi comment! lui répondit Aubrey, je ferais tout au monde pour vous être utile. Je n'ai que peu de chose à vous demander, répliqua lord Ruthven. Ma vie décline rapidement, et il me manque le temps pour vous développer toute mon idée; mais si vous vouliez cacher tout ce que vous savez de moi, mon honneur serait, dans le monde, à l'abri de toute atteinte : et si ma mort était ignorée pour quelque temps en Angleterre.....Je la cacherai, dit Aubrey! Mais ma vie! s'écria lord Ruthven! J'en tairai l'histoire, ajouta Aubrey.......Jurez donc, cria son ami expirant, se relevant par le dernier effort d'une avide joie ; jurez par tout ce que votre âme révère ou redoute; jurez que pour un an et un jour, vous garderez un secret inviolable sur tout ce que vous savez de mes crimes, et sur ma mort, vis-à-vis de quelque personne que ce puisse être, quelque chose qui puisse arriver, quelque objet extraordinaire enfin qui puisse

frapper vos regards ! En prononçant ces
mots , ses yeux pétillants semblaient sortir
de leurs orbites. Je le jure, dit Aubrey.....
et lord Ruthven, retombant sur son chevet,
avec un éclat de rire horrible, exhala son
dernier soupir.

Aubrey se retira dans son appartement,
pour se reposer ; mais il n'y put trouver le
sommeil. Les circonstances extraordinaires
qui avaient accompagné toute sa liaison
avec lord Ruthven se pressaient involontai-
rement dans sa mémoire frappée ; et quand
il en venait à son serment , un frissonne-
ment irrésistible s'emparait de lui, comme un
pressentiment de quelque chose d'horrible
qui l'attendait. S'étant levé de bonne heure
le lendemain, au moment où il allait entrer
dans la chambre où il avait laissé le corps
de son ami, il rencontra un des bandits qui
le prévint qu'il n'était plus à cette place,
et qu'avec l'aide de ses compagnons, il avait
transporté le cadavre immédiatement après
qu'Aubrey s'était retiré chez lui, et suivant
la promesse qu'ils en avaient faite à lord
Ruthven, sur le sommet d'une colline voi-

sine, afin de l'y exposer au premier pâle rayon de la lune, qui se leverait après sa mort. Aubrey, surpris, et prenant avec lui quelques-uns de ces hommes, se décida à gravir cette colline, et à y ensevelir, sur le lieu même, son compagnon; mais quand il eut atteint le faîte de la montagne, il n'y trouva de trace, ni du corps ni des vêtements, quoique les bandits lui assurassent qu'il était sur la roche même où ils avaient déposé les restes de lord Ruthven. D'abord, son esprit se perdait en conjectures sur cet étrange événement; mais il finit par se persuader, en retournant chez lui, que les voleurs avaient tout simplement enseveli le corps pour s'approprier les vêtements.

Las d'une contrée où il avait rencontré de si terribles catastrophes, et où tout semblait conspirer pour approfondir cette mélancolie superstitieuse qui avait frappé son esprit, il prit le parti de s'éloigner de la Grèce, et bientôt arriva à Smyrne. Tandis qu'il y attendait un navire pour le transporter à Otrante ou à Naples, il s'occupa de l'inspection des divers effets qui avaient

appartenu à lord Ruthven : entre autres
choses, il remarqua une caisse contenant
des armes offensives, toutes singulièrement
adaptées pour porter une prompte mort
dans le sein de ses victimes. Il observa plusieurs poignards ; et, pendant qu'il les retournait dans cet examen, et admirait leurs
formes curieuses, quelle fut sa surprise à
l'aspect d'un foureau, dont les ornements
étaient exactement du même goût que le
poignard ramassé dans la fatale hutte? Il
tressaillit à cette vue ; et se hâtant d'acquérir
une nouvelle preuve à l'appui de la pré-
somption qui frappait déjà son âme, il
chercha de suite le poignard, et qu'on juge
l'horreur qui vint le saisir à la découverte
désespérante que l'arme cruelle, quelque
extraordinaire que fût sa forme, remplis-
sait justement le foureau qu'il tenait à la
main ! Ses yeux semblaient ne plus demander d'autres témoins pour le confirmer dans
son affreux soupçon, et paraissaient ne pouvoir se détacher de l'instrument de mort :
il désirait cependant se faire encore illusion ;
mais cette ressemblance d'une forme aussi

singulière, cette même variété de couleurs
qui ornaient le manche du poignard et le
foureau, et plus que tout cela encore, quelques gouttes de sang empreintes sur l'un
et sur l'autre, détruisaient toute possibilité
d'un doute. Il quitta Smyrne, et en passant
par Rome, son premier soin fut de recueillir
quelques informations sur le sort de la jeune
personne qu'il avait essayé de sauver de la séduction de lord Ruthven. Ses parents, d'une
brillante fortune, étaient tombés maintenant dans une extrême détresse, et on ne
savait ce que leur fille elle-même était devenue depuis le départ de son amant. Il n'eut
que trop lieu de craindre que la jeune Romaine n'eût succombé victime du destructeur d'Ianthe.

Tant d'horreurs réitérées avaient enfin
désolé le cœur d'Aubrey. Il devint hypocondre et silencieux : son unique soin était
d'accélérer la marche des postillons, comme
s'il s'agissait d'aller sauver la vie de quelqu'un qui lui fût cher. Bientôt il arriva à
Calais; une brise, qui semblait obéir à ses
désirs, le porta promptement à la côte d'An-

gleterre ; il se hâta de se rendre à l'antique manoir de ses pères, et y parut pour quelque temps perdre dans les tendres embrassements de sa sœur, le souvenir du passé : si jadis ses caresses enfantines l'avaient vivement intéressé, maintenant qu'elle avait atteint sa dix-huitième année, ses manières avaient acquis avec l'âge une nuance plus douce et encore plus attachante.

Miss Aubrey n'avait pas cette grâce brillante qui captive l'admiration et l'applaudissement d'un cercle nombreux. Il n'y avait rien dans sa contenance de cette teinte animée qui n'existe que dans l'atmosphère échauffée d'un salon tumultueux. Son grand œil bleu n'était jamais visité par cette gaîté insouciante qui n'appartient qu'à la légèreté d'esprit; mais il respirait cette langueur mélancolique, qui provient moins de l'infortune que d'une âme religieusement empreinte de l'attente d'une vie future, et plus solide que notre existence éphémère. Elle n'avait pas cette démarche aérienne qu'un papillon, une fleur, un rien suffit pour mettre en mouvement. Son maintien était calme et pensif. Dans la solitude ses traits ne perdaient jamais cet air sérieux et réfléchi qui leur était naturel; mais était-elle près de son frère, tandis qu'il lui exprimait sa tendre affection et s'efforçait d'oublier en sa présence ces chagrins qu'elle savait trop bien avoir détruit sa félicité sans retour, qui aurait voulu échanger alors le sourire reconnaissant de miss Aubrey contre le sourire même de la Volupté? Ses yeux, ses traits, respiraient alors une céleste harmonie avec les douces vertus de son âme. Elle n'avait pas encore fait sa première entrée dans le monde, ses tuteurs ayant jugé plus convenable de différer cette grande époque jusqu'au retour de son frère, pour qu'il pût lui servir de protecteur. Il fut donc maintenant décidé que le cercle qui allait sous peu se tenir à la Cour serait choisi pour son introduction dans la société. Aubrey eût préféré ne pas quitter la demeure de ses ancêtres, et y nourrir cette mélancolie qui le consumait sans cesse. Quel intérêt, en effet, pouvaient avoir pour lui les frivolités des réunions à la mode, après les impressions profondes dont les

événements passés avaient empreint son
âme? mais il n'hésita pas à faire le sacrifice
de ses propres goûts à la protection qu'il
devait à sa sœur. Ils se rendirent à Londres,
et se préparèrent pour le cercle qui devait
avoir lieu dès le lendemain de leur arrivée.
La foule était prodigieuse. Il n'y avait pas
eu de réunion à la Cour depuis long-temps,
et tous ceux qui étaient jaloux de briguer
la faveur d'un sourire royal étaient là. Tandis qu'Aubrey se tenait à l'écart, insensible
à ce qui se passait autour de lui, et que
justement il venait de se rappeler que c'était
à cette même place qu'il avait vu pour la
première fois lord Ruthven, il se sentit tout
à coup saisi par le bras, et une voix qu'il ne
reconnut que trop bien fit retentir ces mots
à son oreille : Souvenez-vous de votre serment! Tremblant de voir un spectre prêt à
le réduire en poudre, il eut à peine le courage de se retourner, quand il aperçut près
de lui cette même figure qui avait tellement
attiré son attention justement au même
endroit, le premier jour de son début
dans la société. Il la regarda d'un air effaré

jusqu'à ce que ses jambes se refusant presque
à le soutenir, il se vit obligé de prendre le
bras d'un ami, et, se frayant un chemin à
travers la foule, il se jeta dans sa voiture.
Rentré chez lui, il arpentait son appartement à pas précipités, et portait ses mains
sur sa tête, comme s'il eût craint que la
faculté de penser ne s'en échappât sans retour. Lord Ruthven était toujours devant
ses yeux : les circonstances se combinaient
dans sa tête dans un ordre désespérant ; le
poignard, son serment..... Honteux de lui-
même et de sa crédulité, il cherchait à
secouer ses esprits abattus, et à se persuader
que ce qu'il avait vu ne pouvait exister : un
mort sortir du tombeau ! Son imagination
seule avait sans doute évoqué du sépulcre
l'image de l'homme qui occupait incessamment son esprit : enfin, il en vint à se con-
vaincre que cette vision était certainement
sans réalité. Quoi qu'il en pût être, il se décida à retourner encore dans la société ; car,
quoiqu'il essayât vingt fois de questionner
ceux qui l'entouraient, sur lord Ruthven,
ce nom fatal restait toujours suspendu sur

ses lèvres, et il ne pouvait réussir à recueillir
aucune information sur l'objet qui l'intéres-
sait si fortement. Quelques soirées après,
il conduisit encore sa sœur à une brillante
assemblée, chez quelqu'un de ses parents.
La laissant sous la protection d'une dame
d'un âge respectable, il se plaça lui-même
dans un coin isolé des appartements; et là,
se livra tout entier à ses tristes pensées. Un
long-temps s'écoula ainsi, et enfin il s'aperçut qu'un grand nombre de personnes avaient
déjà quitté les salons; il sortit forcément de
cet état de si peur, et entrant dans une
pièce voisine, il y vit sa sœur environnée de
plusieurs personnes, avec qui elle paraissait
en conversation soutenue; il s'efforçait de
s'ouvrir route jusqu'à elle, et venait de prier
une personne devant lui de le laisser passer,
quand cette personne, se retournant, lui
montra les traits qu'il abhorrait le plus au
monde. Tout hors de lui-même, à cette
fatale vue, il se précipita vers sa sœur, la
saisit par la main, et, à pas redoublés, l'entraîna vers la rue. Sur le seuil de l'hôtel il
se trouva arrêté quelques instants par la

foule de domestiques qui attendaient leurs maîtres ; et tandis qu'il traversait leurs rangs, il entendit cette voix qui ne lui était que trop bien connue, faire résonner à son oreille ces mots terribles : Souvenez-vous de votre serment ! Éperdu, terrifié, il n'osa pas même lever les yeux autour de lui ; mais, accélérant la marche de sa sœur, il s'élança dans sa voiture, et bientôt fut chez lui.

Le désespoir d'Aubrey maintenant alla presque jusqu'à la folie. Si déjà auparavant son esprit avait été absorbé par un seul objet, combien en devait-il être frappé plus profondément à présent que la certitude que le monstre était encore vivant, le poursuivait sans relache. Il était devenu insensible aux tendres attentions de sa sœur, et c'était en vain qu'elle le suppliait d'expliquer la cause de ce changement subit qui s'était opéré en lui. Il ne lui répondait que par quelques mots entrecoupés, et ce peu de mots toutefois suffisait pour porter la terreur dans l'âme de sa sœur. Plus Aubrey réfléchissait à tout cet horrible mystère et plus il s'égarait dans ce cruel laby-

rinthe. L'idée de son serment le faisait frémir.
Que devait-il faire? devait-il permettre à ce
monstre de porter son souffle destructeur
parmi toutes les personnes qui lui étaient
chères, sans arrêt r d'un seul mot ses progrès; sa sœur même pouvait avoir été touchée
par lui! mais quoi! si même il osait rompre
son serment, et découvrir l'objet de ses
terreurs, qui y ajouterait foi? quelquefois
il songeait à employer son propre bras pour
débarrasser le monde de ce scélérat : mais
l'idée qu'il avait déjà triomphé de la mort
l'arrêtait. Pendant nombre de jours, il resta
plongé dans cet état de marasme : enfermé
dans sa chambre il ne voulait voir personne,
et ne consentait même à prendre quelque
nourriture que lorsque sa sœur, les larmes
aux yeux, venait le conjurer de soutenir son
existence par pitié pour elle. Enfin incapable de supporter plus long-temps la solitude, il sortit de chez lui, et courait de
rue en rue comme pour échapper à l'image
qui le suivait si obstinément. Insouciant sur
l'espèce de vêtements dont il couvrait son
corps, il errait çà et là aussi souvent exposé

aux feux dévorants du soleil de midi qu'à la
froide humidité des soirées. Il était devenu
méconnaissable; d'abord il rentrait chez lui
pour y passer la nuit; mais bientôt il se
couchait sans choix partout où l'épuisement
de ses forces l'obligeait de prendre quelque
repos. Sa sœur, inquiète des dangers qu'il
pouvait courir, voulut le faire suivre; mais
Aubrey laissait promptement derrière lui
ceux qu'elle avait chargés de cet emploi, et
échappait à ses serveillants plus vite qu'une
pensée ne nous fuit. Il changea néanmoins
tout d'un coup de conduite. Frappé de
l'idée que son absence laissait ses meilleurs
amis sans le savoir dans la société d'un être
aussi dangereux, il se décida à paraître de
nouveau dans le monde et à veiller de près
lord Ruthven, avec l'intention de prévenir,
en dépit de son serment, toutes les personnes dans l'intimité desquelles il cher-
cherait à s'immiscer. Mais lors qu'Aubrey
entrait dans un salon, son regard effaré et
soupçonneux était si remarquable, ses tres-
saillements involontaires si visibles, que sa
sœur se vit à la fin réduite à le solliciter de

s'abstenir de fréquenter, uniquement par condescendance pour elle, un monde dont la seule vue paraissait l'affecter si fortement. Quand ses tuteurs s'aperçurent que les conseils et les prières de sa sœur étaient inutiles, ils jugèrent à propos d'interposer leur autorité; et craignant qu'Aubrey ne fut menacé d'une aliénation mentale, ils pensèrent qu'il était grandement temps qu'ils reprissent la charge qui leur avait été confiée par ses parents.

Désirant ne plus avoir à craindre pour lui le renouvellement des souffrances et des fatigues auxquelles ses excursions l'avaient souvent exposé, et dérober aux yeux du monde ces marques de ce qu'ils nommaient folie, ils chargèrent un médecin habile de résider auprès de lui pour le soigner, et de ne le jamais perdre de vue. Apeine Aubrey s'apperçut-il de toutes ces mesures de précaution, tant ses idées étaient absorbées par un seul et terrible objet. Renfermé dans son appartement, il y passait souvent des jours entiers dans un état de morne stupeur dont rien ne pouvait le

retirer. Il était devenu pâle, décharné ;
ses yeux n'avaient plus qu'un éclat fixe : le
seul signe d'affection et de réminiscence
qu'il déployait encore, était à l'approche
de Miss Aubrey ; alors il tressaillait d'effroi,
et pressant les mains de sa sœur avec un regard qui portait la douleur dans son cœur,
il lui adressait ces mots détachés : oh ! ne
le touchez pas : par pitié, si vous avez quelque amitié pour moi, n'approchez pas de
lui. Et cependant quand elle le suppliait
de lui indiquer du moins de qui il parlait,
sa seule réponse était : Il est trop vrai ! il
est trop vrai ! et il retombait dans un affais-
sement dont elle ne pouvait plus l'arra-
cher. Cet état pénible avait duré nombre
de mois ; cependant lorsque l'année fatale
fut au moment d'être écoulée, l'incohé-
rence de ses manières devint moins alar-
mante ; son esprit parut être dans des
dispositions moins sombres, et ses tuteurs
observèrent même que plusieurs fois le
jour il comptait sur ses doigts un nombre
déterminé, tandis qu'un sourire de satis-
faction s'épanouissait sur ses lèvres.

L'an était presque passé, quand le dernier jour un de ses tuteurs étant entré dans son appartement, entretint le médecin du triste état de santé d'Aubrey, et remarqua combien il était fâcheux qu'il fut dans une situation aussi déplorable, tandis que sa sœur devait se marier le lendemain. Ces mots suffirent pour réveiller l'attention d'Aubrey; et il demanda avec empressement, à qui? Son tuteur, charmé de cette marque de retour de sa raison, dont il craignait qu'il n'eût été à jamais privé, lui répondit, avec le comte Marsden. Pensant que c'était quelque jeune noble qu'il avait rencontré en société, mais que sa distraction d'esprit ne lui avait pas permis de remarquer dans le temps, Aubrey parut fort satisfait, et surprit encore davantage son tuteur, par l'intention qu'il exprima d'être présent aux noces de sa sœur, et son désir de la voir auparavant. Pour toute réponse, quelques minutes après, sa sœur était près de lui : il semblait être redevenu sensible à son sourire aimable : il la serra contre son cœur, et pressa tendrement de ses lèvres

ses joues humides des larmes de plaisir que
lui causait l'idée que son frère avait retrouvé
toute son affection pour elle. Il lui parla
avec chaleur, et la félicita vivement sur son
union avec un personnage d'une naissance
aussi distinguée et aussi accompli, lui avait-
on dit, quand, soudain, il remarqua un
médaillon sur son sein : l'ayant ouvert,
quelle fut son horrible surprise à la vue des
traits du monstre qui, depuis si long-temps,
avait un tel ascendant sur son existence. Il
saisit le portrait dans un accès de rage, et
le foula aux pieds ; et, comme sa sœur lui
demanda, pourquoi il détruisait l'image de
l'homme qui allait devenir son mari, il regarda d'un air effaré, comme s'il n'avait pas
compris sa question ; et alors, lui serrant
les mains, et jetant sur elle un coup d'œil
désespéré et frénétique, il la supplia de lui
promettre, sous serment, qu'elle n'épouse-
rait jamais ce monstre ; car il. . . . . Mais,
là, il fut contraint de s'interrompre : il lui
sembla comme si la voix fatale lui recom-
mandait encore de se rappeler son serment.
Il se retourna brusquement, pensant que

lord Ruthven était là ; mais il ne vit personne. Cependant, les tuteurs et le médecin
qui avaient entendu tout ce qui s'était passé, et qui s'imaginèrent que c'était un retour
de désordre d'esprit, entrèrent tout à coup,
et l'éloignant de sa sœur, la prièrent de
quitter la chambre. Il tomba sur ses genoux,
et les conjura de différer la cérémonie, ne
fût-ce que d'un seul jour. Mais eux, suppo-
sant que tout cela n'était qu'un pur accès
de folie, s'efforcèrent de le tranquilliser, et
se retirèrent.

Lord Ruthven, dès le lendemain du cercle
de la Cour, s'était présenté chez Aubrey ;
mais la permission de le voir lui avait été
refusée ainsi qu'à tout le monde. Lorsqu'il
apprit, bientôt après, l'état alarmant de sa
santé, il sentit immédiatement que c'était
lui qui en était la cause ; mais quand on lui
dit qu'Aubrey paraissait être tombé en démence, il eut peine à cacher sa triomphante
joie à ceux qui lui donnaient cette information. Il se hâta de se faire introduire auprès de
miss Aubrey ; et, par une cour assidue, et
l'intérêt qu'il semblait prendre sans cesse à

la déplorable situation de son frère, il réussit à captiver son cœur. Qui, en effet, aurait pu résister à ses pouvoirs de séduction? Sa langue insinuante avait tant de fatigues, de dangers inconnus à raconter; il pouvait avec tant d'apparence de raison, parler de lui-même comme d'un être tellement différent du reste du genre humain, et n'ayant de sympathie qu'avec elle seule : il avait tant de motifs plausibles pour prétendre que ce n'était que depuis qu'il pouvait savourer les délices de sa voix charmante, qu'il commençait à perdre cette insensibilité pour l'existence qu'il avait dénotée jusqu'alors : enfin, il savait si bien mettre à profit l'art dangereux de la flatterie, ou du moins tel était l'arrêt de la destinée, qu'il conquit toute sa tendresse. Dans ce même temps l'extinction d'une branche aînée, lui transmit le titre de comte de Marsden; et dès que son union avec miss Aubrey fut convenue, il prétexta des affaires importantes qui l'appelaient sur le continent, pour presser la cérémonie, nonobstant l'état affligeant du frère, et il fut décidé que son départ aurait lieu le jour même de son mariage. Aubrey ayant été abandonné à lui-même par ses tuteurs, et même par son médecin, essaya de corrompre, à force de présents, les domestiques, mais inutilement; n'ayant pu obtenir qu'ils le laissassent sortir, il demanda une plume et du papier, et il écrivit à sa sœur, la conjurant, par considération pour sa propre félicité, son honneur et celui de ses parents renfermés dans la tombe, de différer seulement de quelques heures, une union qui devait être accompagnée des plus grands malheurs. Les domestiques lui promirent de remettre la lettre à sa sœur; mais ils la portèrent au médecin, qui jugea plus convenable de ne pas la chagriner davantage, par ce qu'il considérait comme de purs actes de démence.

La nuit se passa dans les préparatifs pour la cérémonie du lendemain. Aubrey entendait le tout avec une horreur plus aisée à imaginer qu'à décrire. La fatale matinée n'arriva que trop tôt : déjà le bruit des nombreux équipages venait frapper l'oreille d'Aubrey. Il délirait presque de rage. Heureusement la curiosité des domestiques chargés de le veiller, l'ayant emporté sur leur zèle à remplir leur devoir, ils s'éloignèrent tous l'un après l'autre, le laissant imprudemment sous la garde d'une femme âgée et sans force. Il saisit avidement l'occasion, et d'un seul bond était hors de son appartement; dans un instant il se trouva dans le salon, où presque tout le monde était déjà rassemblé. Lord Ruthven fut le premier à l'apercevoir. Il s'approcha immédiatement d'Aubrey, et prenant son bras de force, l'entraîna de la chambre hors d'état de parler de rage. Quand ils furent sur l'escalier, lord Ruthven lui murmura ces mots à l'oreille : Souvenez-vous de votre serment, et sachez que votre sœur, si elle ne devient pas mon épouse aujourd'hui même est déshonorée; la vertu des femmes est fragile.…. Après ce peu de mots, il le repoussa violemment entre les bras des domestiques chargés de le surveiller, et qui, dès qu'ils se furent aperçus de son évasion, étaient accourrus à sa poursuite.

Aubrey n'était plus en état de soutenir

le poids de son propre corps, et, par un effort extraordinaire pour exhaler son désespoir forcéné, il se rompit un vaisseau dans la gorge, et, baigné dans son sang, fut transporté au lit.

On laissa ignorer tout ce qui venait de se passer à sa sœur, qui malheureusement était hors du salon quand il y était entré. La cérémonie fut célébrée, et les deux époux quittèrent de suite Londres.

L'état de faiblesse d'Aubrey alla en s'accroissant rapidement ; et la vaste quantité de sang qu'il avait perdu ne produisit que trop tôt des indices d'une prompte dissolution. Il fit donc appeler ses tuteurs, et la rage qui l'avait presque suffoqué s'étant un peu appaisée ; dès que minuit sonna, il raconta avec calme ce que le lecteur vient de lire, et expira immédiatement après ce récit.

Ses tuteurs se hâtèrent de voler au secours de miss Aubrey ; mais il était trop tard ; lord Ruthven avait disparu, et le sang de son infortunée compagne avait assouvi la soif d'un Vampire.

FIN.

www.ingramcontent.com/pod-product-compliance
Lightning Source LLC
LaVergne TN
LVHW022129080426
835511LV00007B/1090